______________의 리부트

나의 Day 1은 _____년 __ 월 __ 일입니다

리부트 위너 노트

REBOOT WINNER NOTE

위기 속에서 나만의 해답을 찾는 100일 노트

초판 1쇄 인쇄 2020년 7월 20일
초판 1쇄 발행 2020년 8월 5일

지은이 김미경
발행인 이재진 **단행본사업본부장** 신동해 **편집장** 김수현 **디자인** 데시그 이하나
마케팅 이현은 권오권 **홍보** 최새롬 **제작** 정석훈

브랜드 웅진지식하우스 **주소** 경기도 파주시 회동길 20
주문전화 02-3670-1595 **팩스** 031-949-0817 **문의전화** 031-956-7377(편집) 031-956-7068(마케팅)

발행처 (주)웅진씽크빅 **출판신고** 1980년 3월 29일 제406-2007-000046호

ISBN 978-89-01-24446-4 03320

REBOOT
WINNER NOTE

위기 속에서 나만의 해답을 찾는 100일 노트

김미경 지음

웅진 지식하우스

Prologue

나만의 해답을 찾고 싶다면 매일 기록하고 실행하라

갑자기 찾아온 코로나19 바이러스는 우리의 일상과 일터를 순식간에 낯선 풍경으로 바꿔버렸다. 땡볕 아래 비 오듯 땀이 흘러도 마스크 벗는 사람을 보기 드물고, 감원, 임시 휴업, 폐업 등 경기 하락의 조짐이 여기저기서 발생하고 있다. 불과 6개월 전만 해도 상상조차 안 해본 일들이 이제는 당연한 모습이 돼버렸다. 더 이상 코로나 이전으로 돌아갈 수 없다는 것을 모두가 알고 있지만, 그럼에도 여전히 풀리지 않는 질문이 남아 있다.

'달라진 세상에서 나는 어떻게 일하고 어떻게 살 것인가.'

내게는 전부와도 같던 현장 강연이 없어지고 지난 6개월간 이 질문에 대한 답을 찾기 위해 나는 모든 시간과 에너지를 쏟아부었다. 현재 내가 처한 상황이 무엇인지 알아내기 위해 수많은 자료를 들여다봤고, 내가 겪는 어려움이 위기가 아닌 혼돈임을 깨달은 뒤에는 혼돈 속에 숨어 있는 새로운 질서를 알아내기 위해 미친 듯이 공부했으며, 하나의 질서를 알아챌 때마다 즉시 행동하고 검증하면서 나만의 로드맵을 만들어갔다. 그 결과를 모아 정리한 것이 바로 『김미경의 리부트』였다.

그런데 막상 책을 펴내니 걱정이 밀려들었다. 내가 『김미경의 리부트』를 쓴 이유는 단지 코로나 이후 달라진 세상에 대한 이해와 공감만을 전하기 위한 것이 아니었다. 모든 사람들이 자기만의 방법으로 새로운 질서를 알아내고, 스스로를 구하는 인생 시나리오를 쓰고 실행하면서, 새로운 기회를 만들어나가길 바라는 마음이 더 컸다. 하지만 책 한 권에 구체적인 방법론까지 담기에는 한계가 많았다. 혹여 이 때문에 자신만 뒤처지는 것 같다는 절망감을 느낄 독자들이 있을지도 모른다는 생각이 나를 괴롭혔다. 그래서 고민 끝에 『리부트 위너 노트』를 펴내게 되었다. 나는 독자들도 나처럼 자기만의 해법을 스스로 찾아나가길 바랐으며, 이 중대한 여정에 내가 든든한 동반자가 돼주고 싶었다.

내가 코로나 이후 나만의 답을 찾을 수 있었던 비결은 매일 써 내려간 '코로나 솔루션 노트' 덕분이다. 아주 사소한 것일지라도 새로운 단서를 발견할 때마다 노트에 적었고, 노트에 적은 단서들을 서로 연결하며 새로운 질서를 깨달았으며, 새로운 질서에 나를 대입해보면서 구체적인 솔루션을 찾아낼 수 있었다. 내가 경험한 이 과정이 당장 무엇을 해야 할지 막막한 독자들에게 실질적인 도움이 되길 바라는 마음으로 『리부트 위너 노트』를 만들었다.

『리부트 위너 노트』는 크게 두 파트로 구성했다. Part 1은 다양한 질문에 답을 적어가며 스스로 자기만의 해답을 찾아가는 '리부트 솔루션 노트'이고, Part 2는 앞으로 100일 동안 매일 나만의 단서를 찾고 기록하고 실행하면서 인생 시나리오를 완성해가는 '100일 시나리오 플래너'다.

우선 Part 1은 단계별로 다섯 챕터로 구성했다.

- Chapter 1은 코로나 이후 달라진 세상을 분석하는 방법이다. 나의 일상과 일터의 변화를 파악하는 방법, 나를 중심에 놓고 새로운 질서를 알아내는 방법을 다룬다.
- Chapter 2는 코로나 이후 달라진 생존 공식을 내 것으로 만드는 방법이다. 4가지 리부트 공식에 대한 나의 준비 정도를 파악하는 방법, 리부트 공식과 내 직업을 연결하는 방법을 다룬다.
- Chapter 3은 나만의 리부트 시나리오를 작성하는 방법이다. 달라진 세상에서 나의 미래를 예측하는 방법, 리부트 공식을 대입해 시나리오를 쓰는 방법, 구체적인 실행 계획을 세우는 방법을 다룬다.

• Chapter 4는 새로운 세상에서 살아남기 위한 공부 방법이다. 나만의 즉시 교육 시스템을 만드는 방법, 나만의 팀을 만드는 방법, 미래 예측을 습관화하는 방법을 다룬다.
• Chapter 5는 달라진 세상에서 미래와 공존하는 방법이다. 기후변화와 나를 연결하는 방법, 마음의 생존력을 높이는 방법을 다룬다.

Part 2의 '100일 시나리오 플래너'는 100일간 매일 작성해보기를 권한다. 매일 플래너에 기록하고 실행하는 동안 각자의 성공적인 리부트 시나리오가 만들어질 것이다.

방법은 간단하다. 내가 알아낸 '단서들'을 왼쪽 페이지에 매일 써본 후, 오른쪽 페이지로 넘어와 4가지 리부트 공식에 그 단서들을 대입해본다. 그리고 구체적인 실행 계획을 세워 행동으로 옮기고, 마지막으로 짧은 미래 예측 시나리오를 써보는 것이다.

누구나 살면서 몇 번의 기회를 만난다. 하지만 기회를 움켜쥐는 사람은 극히 드물다. 머리로는 기회인 줄 알면서도 몸이 움직이지 않고 머뭇거리다가 놓쳐버리는 경우가 대부분이다. 돌이켜보면 알고도 놓친 기회가 모르고 놓친 기회보다 몇 배는 많다. 이번에는 달라야 한다. 진짜 리부트는 머리와 몸이 동시에 움직이는 육체노동으로만 가능하다. 코로나 이후 달라진 세상을 머리로 알고 이해하는 것에서 끝내지 말고, 몸으로 뛰어들어서 스스로 새로운 세상의 기회를 잡아야 한다.

절박한 마음으로 뛰어들면 해내지 못할 일이 없다. 달라진 세상에서 유능한 나로 '리부트'할 의지만 있다면 누구나 '위너'가 될 수 있다. 100일간의 기록을 마치는 순간, 모두가 진정으로 스스로와 사랑하는 사람들을 구해내는 승자가 되어 있기를 바란다. 새로운 세상을 두려워하는 대신, 당당하고 행복하게 자신만의 성공을 이뤄낼 당신을 온 마음으로 응원한다.

2020년 7월

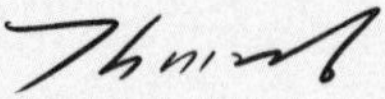

리부트 선언

첫째, 나는 위기 속에서 스스로에게 기회를 주겠습니다.

둘째, 나는 새로운 세계에서 새로운 나를 만들겠습니다.

셋째, 나는 나와 사랑하는 사람을 끝까지 지키겠습니다.

목차

REBOOT

WINNER NOTE

Part 1

해답을 찾아내는 리부트 솔루션 노트

당신은 스스로
기회를 만들어낼 것이다.
혼돈의 폭풍 속으로
용감하게 첫발을 내딛는다면.

Chapter 1

혼돈 속에 숨어 있는 새로운 질서 이해하기

모든 혼돈 속에는 질서가 있다. 코로나가 불러온 위기 속에서 혼돈만을 읽고 서서히 잡혀가고 있는 미래의 질서를 읽지 못한다면 우리는 시작하기도 전에 패배할 것이다. 이 위기를 극복할 첫 번째 열쇠는 혼돈 속으로 들어가 새로운 질서를 찾는 것이다.

1. 일상과 일터의 변화 파악하기

1.1 코로나 이후 달라진 일상

당연했던 일상들이 코로나 이후 순식간에 불가능한 일이 돼버렸다. 이제 우리가 할 일은 참고 버티기가 아니라, 새로운 일상을 파악하고 훈련하는 것이다. 그러려면 코로나 이후 나의 일상을 뒤바꾸는 변화들을 정확하게 알아내야 한다. 코로나 이후 가장 크게 달라진 내 일상의 모습은 무엇인가? 코로나 이전에 먹고, 즐기고, 배우고, 휴식을 취하던 나만의 방식 중에서 더는 못 하게 된 것들을 떠올리며 적어보자.

ex. 집 밖에서는 주변에 사람이 없어도 마스크를 벗지 않는다.
여럿이 식사할 때 찌개나 반찬을 개인 접시에 덜어 먹는다.

1.2 코로나 이후 달라진 일터

달라진 건 일상만이 아니다. 세상의 변화에 발맞춰 내 직업, 내 직장, 내 사업도 시시각각 변하고 있다. 안전한 일터란 더 이상 존재하지 않는다. 지금 나의 일터를 둘러싼 변화의 단서들을 알아채지 못하면 영영 일자리를 놓칠지도 모른다. 코로나 이후 가장 크게 달라진 내 일터의 변화는 무엇인가? 대면 영업처럼 최근에 일터에서 사라진 업무, 혹은 화상회의처럼 새롭게 도입된 기술 등을 떠올리며 최대한 다양하게 적어보자.

ex. 신규 인력 채용 일정이 무기한 연기되었다.
직원 교육이나 사내 행사를 온라인 영상으로 진행한다.

2. 나만의 티핑 포인트 찾기

2.1 내 직업의 플러스 티핑 포인트

스마트폰을 전화기로만 쓰던 어르신들조차 코로나 이후 인터넷 쇼핑을 시작해 마트나 백화점 등 오프라인 판매 비즈니스가 사양산업으로 전락했다. IT 개발자들이 이용하던 화상회의 플랫폼 줌Zoom은 전 세계 직장인들의 재택근무용 필수 솔루션이 되었다. 이처럼 코로나가 가져온 티핑 포인트tipping point가 기존 산업의 생존 방향을 극단적으로 바꾸고 있다. 전형적인 오프라인 비즈니스인 백화점은 마이너스(-)로, 디지털 기술들은 플러스(+)로 방향을 바꾸었다. 내 직업과 사업도 예외가 아니다. 코로나 이후 급격하게 상승세를 타는 직종이 있는가 하면, 반대로 끝없이 추락하는 직종도 있다. 내 직업의 티핑 포인트는 플러스일까, 마이너스일까? 만약 플러스라고 생각한다면 내 직업의 플러스 티핑 포인트와 그 이유를 적어보자.

• 내 직업의 플러스 티핑 포인트와 이유

2.2 내 직업의 마이너스 티핑 포인트

내 직업의 플러스 티핑 포인트를 여러 개 적어낸 사람은 드물 것이다. 대부분은 코로나 직격탄을 맞고 패닉 상태에 빠져 있을지 모른다. 하지만 이런 때일수록 더욱 냉정하게 내 직업과 사업을 들여다봐야 한다. 무엇 때문에 마이너스 노선을 걷고 있는지, 마이너스를 플러스로 바꿀 방법은 없는지 해결책을 찾는 데 온 힘을 모아야 한다. 코로나 이후 나의 일터에서 부정적으로 변화한 마이너스 티핑 포인트는 무엇인가? 그것이 마이너스라고 생각하는 이유는 무엇인가? 혹시 마이너스를 플러스로 바꿀 아이디어가 떠올랐다면 주저 없이 적어보자.

• 내 직업의 마이너스 티핑 포인트와 이유, 플러스로 바꿀 아이디어

위기가 아니라 혼돈이다

위기가 닥치면
모두가 떠올리는 한마디가 있다.
'위기가 곧 기회다!'
하지만 지금 우리에게 정말 필요한 한마디는
'혼돈으로부터의 질서'다.
위기가 아니라 혼돈이다.
기회가 아니라 질서다.
혼돈 속에 숨어 있는 새로운 질서를 찾아야
위기 속에서 기회를 만들 수 있다.

3. 새로운 질서를 나만의 기회로 만들기

3.1 내가 찾아낸 새로운 단서

코로나 이후 달라진 일상과 일터를 들여다보는 과정에서 새로운 세상은 어떤 모습일지 대략적인 그림을 그려봤을 것이다. 그렇다면 이제는 내가 찾아낸 단서들로 새로운 질서를 알아낼 차례다. 코로나 이후 달라진 것들 중에서 새로운 질서에 대한 단서라고 생각되는 것들을 적어보자. 단어도 괜찮고 문장이어도 상관없다. 아주 작은 것이라도 최대한 많이 적는 게 중요하다.

내가 찾아낸 단서들을 다시 읽어보자. 그리고 '서로 연관 있는 단서'들끼리 선을 그어보자. 직선으로 끝나는 것도 있고, 삼각형 혹은 사각형 이상의 도형이 그려지기도 할 것이다. 만약 도형이 세 개 이상 만들어지지 않는다면 새로운 단서들을 추가로 적어보고, 선으로 잇고 도형 만들기를 반복해보자.

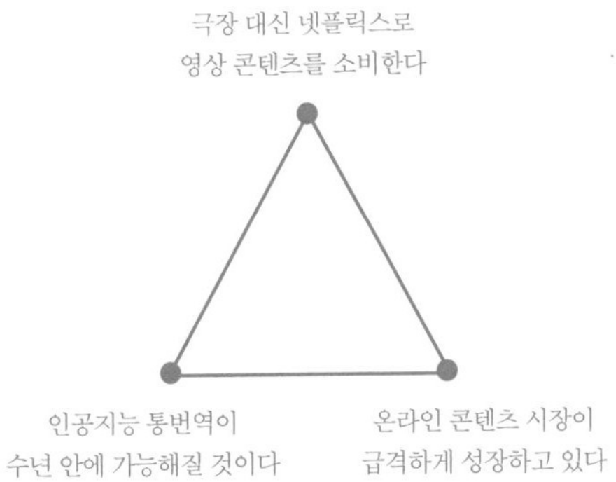
극장 대신 넷플릭스로
영상 콘텐츠를 소비한다
인공지능 통번역이
수년 안에 가능해질 것이다
온라인 콘텐츠 시장이
급격하게 성장하고 있다

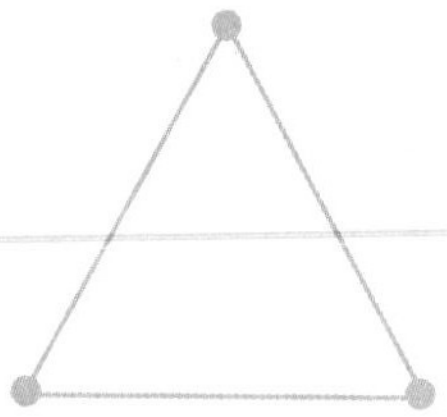

3.2 내가 찾아낸 새로운 질서

새로운 질서를 알아낼 차례다. 방법은 앞에서 세 개 이상 연결한 단서들을 문장으로 만들어보는 것이다. 내가 만든 문장은 다음과 같다.

단서1. 극장 대신 넷플릭스로 영상 콘텐츠를 소비한다
단서2. 온라인 콘텐츠 시장이 급격하게 성장하고 있다
단서3. 수년 안에 인공지능 통번역이 가능해질 것이다

→ 코로나 이후 사람들이 집에 있는 시간이 늘어나면서 콘텐츠 비즈니스가 성장하고 있다. 좋은 콘텐츠를 가진 사람이 가치를 인정받는 시대가 왔다. 앞으로 인공지능의 개발로 언어 장벽이 거의 사라지면 해외 진출의 문턱이 확 낮아질 것이다.

내가 찾아낸 단서들을 조합하면 문장이 만들어진다. 이것이 바로 내가 찾아낸 새로운 질서다. 더 많은 단서들을 조합할수록 보다 구체적으로 새로운 질서로 정리할 수 있다. 내가 찾아낸 새로운 질서를 문장으로 만들어보자.

3.3 내 직업의 새로운 기회

구슬은 꿰어야 보배가 된다. 새로운 질서도 내 직업과 연결해야 비로소 새로운 기회가 된다. 내가 찾아낸 새로운 질서에 내 직업을 대입하면 어떤 모습이 될까? 나는 이렇게 상상해봤다.

ex. 언어 장벽이 사라지면 내 콘텐츠도 얼마든지 해외 시장으로 나갈 수 있을 것이다. 영미권만이 아니라 전 세계 사람들에게 내 강의를 전달하는 것도 가능해질 것이다.

내가 찾아낸 새로운 질서가 내 직업과 꼭 맞아떨어지지 않을 수도 있다. 하지만 그럴수록 더더욱 내 직업과 연결해보는 훈련을 해야 한다. 새로운 기회는 전혀 다른 분야가 만날 때 탄생하는 경우가 훨씬 많기 때문이다. 그럼 이제 내가 찾아낸 새로운 질서에 나를 연결시켜서 내 직업의 새로운 모습을 상상해보자.

4. 나에게 주어진 골든타임 측정하기

4.1 내 직업의 골든타임

혼돈이 정점을 찍고 나면 감춰져 있던 질서가 서서히 모습을 드러내기 시작할 것이다. 누구나 '이것이 뉴 노멀new normal이구나'라고 인식하는 순간, 이미 시장은 새 판으로 바뀌어 있을 것이다. 내 직업을 지킬 수 있는 마지막 기회인 골든타임이 얼마 남지 않았다. 미래에 울지 않으려면 지금 나에게 주어진 골든타임을 최대한 유용하게 활용해야 한다. 내가 생각하는 내 직업의 골든타임은 앞으로 몇 개월인가? 골든타임 기간 동안 나는 무엇을 준비해야 할까? 골든타임에 내가 가장 시급하게 해야 할 일을 적어보자.

5. '안 한다'고 선언하기

5.1 내 직업의 새로운 공식

코로나는 세상의 '판' 자체를 바꿔버렸다. 코로나 이후 언택트와 디지털 등 생소한 공식들이 나타나 우리의 생업을 뒤흔들고 있다. 만약 지금 내 직업과 사업이 하향 곡선을 그리고 있다면, 코로나 이후 새로운 공식과 거리가 멀기 때문일 확률이 높다. 반대로 지금 상승세를 타고 있다고 해도 잘되는 이유를 모르면 작은 변수에도 언제든 고꾸라질 수 있다. 지금처럼 모든 것이 급변하는 시대에는 내 직업의 현재를 정확하게 알아야 새로운 공식과의 연결 고리를 파악할 수 있다. 코로나 이후 상승세를 타고 있다면 나의 직업이 잘되는 이유가 무엇이라고 생각하나? 반대로 하향 곡선을 그리고 있다면 잘되지 않는 이유가 무엇이라고 생각하나? 코로나 이후 새로운 공식을 떠올리며 구체적으로 적어보자.

• 잘되는 이유

• 잘되지 않는 이유

5.2 나를 둘러싼 새로운 공식

코로나로 바뀐 공식은 이제 '무엇을 배우고 어디에서 살 것인가'라는 인간의 가장 기본적인 욕구와 선택에도 절대적인 영향력을 발휘하기 시작했다. 교육과 소비재 외에도 앞으로 1~2년간 가장 크게 변화할 것으로 생각되는 분야는 무엇인가? 내 일상과 가장 밀접한 분야를 중심으로 3가지만 적어보자.

변화의 흐름을 파악했다면 그다음 할 일은 변화의 방향을 추적하는 것이다. 내가 찾아낸 3가지 분야에 대해 코로나 이후에도 '그대로인 것'과 앞으로 크게 '달라지는 것'을 3가지씩 적어보자.

- 그대로인 것

- 달라지는 것

5.3 나만의 리부트 선언

이제 '못 한다'는 말은 그만하자. 그 대신에 '안 한다'고 선언해보자. '못 한다'고 말하면 주저앉아 우는 것밖에 할 수 없지만, '안 한다'고 선언하면 죽기 살기로 반드시 대안을 찾게 되어 있다. 어떤 상황에서도 내 인생의 주도권을 뺏겨서는 안 된다. 코로나 따위에 지지 말자. 그리고 자존감 있게 선언하자. '못 하는 게 아니라 안 하는 거다. 이 위기는 반드시 내 힘으로 해결한다!' 먼저 나의 일상과 일터에서 코로나 이전으로 절대 돌아갈 수 없는 것 5가지를 적어보자. 그리고 이 5가지를 '못 한다' 대신 '안 한다'로 바꿔서 나만의 리부트 선언을 만들어보자.

못 한다 → 안 한다

ex. 강의를 못 한다 → 강의를 안 한다. 다른 방식으로 한다.

1. ______ → ______

2. ______ → ______

3. ______ → ______

4. ______ → ______

5. ______ → ______

Chapter 2

내 인생을 바꾸는 4가지 리부트 공식 알기

리부트 공식은 코로나 이후 내 인생을 바꿀 4가지 공식이다. 새로운 질서이자 새로운 세상으로 나아가기 위해 반드시 통과해야 할 관문이다. 내가 가진 역량 중에서 4가지 공식을 무사통과한 것이 많을수록 코로나 이후 세상에서 유능해질 확률이 높다.

1. 첫 번째 리부트 공식, 온택트
2. 두 번째 리부트 공식, 디지털 트랜스포메이션
3. 세 번째 리부트 공식, 인디펜던트 워커
4. 네 번째 리부트 공식, 세이프티

1. 첫 번째 리부트 공식, 온택트

1.1 내 직업의 온택트 현황 알기

이제 우리는 코로나 이전의 방법으로는 살 수 없다. 사람 사이 접촉을 최소화하는 언택트 세상에서 우리를 연결해줄 유일한 공간은 온라인뿐이다. 언택트un-tact를 넘어 온라인으로 연결되는 온택트on-tact는 앞으로의 생존을 위해 반드시 배워야 할 필수 기술이다. 그러자면 먼저 내 직업의 온택트 현황을 정확하게 파악해야 한다. 먼저 내 직업과 사업의 상황을 10가지 이상 적어보자. 그리고 컨택트 또는 온택트 비중을 체크해보자. 현재 내 일터에서 온택트는 어느 정도의 비중을 차지하고 있는가?

- 근무 조건, 기획, 생산, 홍보, 마케팅 등 내 직업과 일터에서 컨택트에 가까운 일의 항목은 왼쪽에, 온택트에 가까운 일의 항목은 오른쪽에 각각 적어보자.

상황 / 업무

1.2 나에게 필요한 온택트 기술 알기

전 지구적 재난 상황에서도 인간의 연결 욕구와 생존 욕구는 결코 없어지지 않는다. 여기에 내 직업과 사업의 생존 전략이 있다. 온라인으로 연결하고 소통하는 온택트 기술로 새로운 연결 통로를 만드는 것이다. 코로나 이후 새로운 세상과 계속 연결되려면 내 직업을 온택트 기술로 중무장해야 한다. 내 직업과 사업에서 언택트 때문에 막혀버린 분야는 무엇인가? 그 분야에 어떤 온택트 기술을 접목하면 다시 뚫을 수 있을까? 아래 예시를 참고해서 나에게 필요한 온택트 기술을 찾아보자.

ex. 대학의 '온라인' 입학식 : 유튜브 라이브 이용
방탄소년단의 '온라인' 콘서트 : 커뮤니티 플랫폼 위버스Weverse 사용
사비나미술관의 '온라인' 전시 : 가상현실VR 적용

1.3 나의 '온택트형 워커' 점수는?

온택트는 이미 와 있는 미래다. 어떤 업종, 어떤 직업이든 누구나 언젠가는 만나게 되어 있다. 어차피 만날 거라면 갑자기 당하는 것보다 내가 먼저 준비하고 한발 먼저 다가가는 것이 훨씬 유리하다. 나의 온택트 준비 정도는 몇 점일까? 나는 '컨택트형 워커'일까, 아니면 '온택트형 워커'일까? 다음의 체크리스트를 통해 나의 온택트 수준을 알아보자.

'온택트형 워커' 체크리스트	Yes	No
1. 업무의 80% 이상이 온라인으로 이뤄지고 있다.	☐	☐
2. 직접 만나는 것보다 온라인 소통이 더 익숙하다.	☐	☐
3. 매일 SNS에 접속해서 트렌드를 파악하고 소통한다.	☐	☐
4. 줌, 스카이프, 위챗 등 화상회의 플랫폼을 자주 이용한다.	☐	☐
5. 새로운 온라인 플랫폼에 관심이 많고 적극적으로 배운다.	☐	☐
6. 나에게 온라인 플랫폼을 가르쳐달라는 사람이 많다.	☐	☐
7. 당장 업무가 온라인으로 전환돼도 문제없이 처리할 수 있다.	☐	☐
8. 현재 유튜브 채널을 운영하고 있거나 준비 중이다.	☐	☐
9. 온라인으로 전환하면 성공할 것 같은 창업 아이디어가 있다.	☐	☐
10. 디지털 기술을 접목한 온라인 비즈니스를 운영하고 있다.	☐	☐

채점하기 (항목별 각 2점, 총 20점 만점 기준)

0~4점 : 아직도 컨택트 시대를 살고 있군요. 분발하세요!

6~10점 : 걸음마를 시작한 당신! 주변에 도움을 청해보세요.

12~16점 : 온택트 전문가군요. 더 적극적으로 실력을 쌓아보세요.

18~20점 : 축하합니다! 당신은 이미 완벽한 온택트형 인재입니다.

2. 두 번째 리부트 공식, 디지털 트랜스포메이션

2.1 나의 '디지털 기술 이해도' 점수는?

4차 산업혁명의 신기술은 이미 우리의 일상에 깊숙이 자리하고 있다. 지금 이 순간에도 기술 간 융합을 통해 새로운 시너지 기술이 계속 탄생하고 있다. 코로나로 앞당겨진 미래를 살게 된 우리에게 디지털 기술은 '모르면 불리해지고, 알면 알수록 훨씬 유리해지는' 필수 생존 과목이다. 아래 디지털 기술 10가지에 대해 얼마나 이해하고 있는지, 활용 능력은 어느 정도인지 체크해보자.

'디지털 기술 이해도' 체크리스트

전혀 모른다 / 들어본 적은 있지만 자세히 알지 못한다 / 어떤 기술인지 잘 알고 사용할 줄 안다

	0	1	2	3	4	5	6	7	8	9	10
빅데이터	☐	☐	☐	☐	☐	☐	☐	☐	☐	☐	☐
인공지능	☐	☐	☐	☐	☐	☐	☐	☐	☐	☐	☐
사물인터넷	☐	☐	☐	☐	☐	☐	☐	☐	☐	☐	☐
로봇	☐	☐	☐	☐	☐	☐	☐	☐	☐	☐	☐
드론	☐	☐	☐	☐	☐	☐	☐	☐	☐	☐	☐
자율주행	☐	☐	☐	☐	☐	☐	☐	☐	☐	☐	☐
5G	☐	☐	☐	☐	☐	☐	☐	☐	☐	☐	☐
AR, VR	☐	☐	☐	☐	☐	☐	☐	☐	☐	☐	☐
블록체인	☐	☐	☐	☐	☐	☐	☐	☐	☐	☐	☐
3D 프린트	☐	☐	☐	☐	☐	☐	☐	☐	☐	☐	☐

* 이 체크리스트는 디지털 기술 이해도의 셀프 체크를 위한 도구이며 채점은 없습니다.

2.2 빅데이터 생산자로 상상해보기

디지털 시대에 빅데이터는 '쌀'이다. 인공지능이 아무리 뛰어나도 빅데이터가 없으면 밥을 못 짓는다. 디지털 기술이 빠르게 대중화되고 있는 요즘에는 개인도 얼마든지 빅데이터를 활용해 매력적인 비즈니스 모델을 창조할 수 있다. 내가 가진 능력에 빅데이터와 인공지능 기술을 적용하면 어떤 상품과 서비스가 탄생하게 될까? 아래 예시를 참고해서 디지털 시대에 어울리는 나만의 새로운 비즈니스 모델을 자유롭게 상상해보자.

ex. 강사 김미경의 빅데이터+인공지능 비서
= 김미경 인공지능 코치 프로그램
인스타그램 빅데이터+소비 분석 알고리즘
= 인플루언서 홍보 서비스 플랫폼

2.3 아날로그 콘텐츠와 디지털 기술 합체하기

요즘 기업의 화두인 '디지털 트랜스포메이션digital transformation'은 코어 콘텐츠만 남기고 모든 것을 디지털로 전환하는 것을 말한다. 개인도 예외일 수 없다. 새로운 세상에서는 기존의 일하는 방식과 생각하는 방식을 디지털로 교체하지 않으면 생존이 불가능하다. 디지털 기술과 합체하는 연습만이 디지털 트랜스포머에 가까워지는 유일한 방법이다. 나와 디지털을 합쳐서 어떻게 변신할 것인가? 기존 아날로그 세상에서 인정받았던 나만의 코어 콘텐츠는 무엇인가? 아날로그 코어 콘텐츠에 디지털 기술들을 접목하면 어떤 모습이 될 것인가? 앞에서 열거한 10가지 디지털 기술을 이용해서 디지털과 합체한 내 직업의 모습을 자유롭게 상상해보자.

아날로그 코어 콘텐츠+디지털 기술 = 디지털 트랜스포머

2.4 디지털 트랜스포머 연습하기

디지털 트랜스포머가 되기 위해서는 크게 세 단계를 거쳐야 한다. 1단계는 디지털 세상에 내 이름 석 자를 데뷔시키는 것이다. 2단계는 나에게 어울리는 최적의 디지털 기술을 마스터해나가는 것이다. 3단계는 나만의 아날로그 코어 콘텐츠와 디지털 기술을 한 몸처럼 합체해나가는 것이다. 디지털 트랜스포머가 되기 위해 지금 당장 실천해야 할 것들은 무엇인가? 처음부터 욕심내지 말고 각 단계별로 나만의 점을 찍는다는 마음으로 실천 과제들을 생각해보자.

1단계

ex. 인스타그램 계정 만들어서 매일 글과 영상 올리기

2단계

ex. 디지털 통합 마케팅 공부하기

3단계

ex. 유튜브 시작해보기

3. 세 번째 리부트 공식, 인디펜던트 워커

3.1 내 직업의 현실 파악하기

이제 우리에게 필요한 것은 직장이라는 울타리에 대한 근거 없는 믿음이 아니라, 내 직업과 사업에 대한 정확한 현실 인식이다. 만약 지금 내 직업과 사업이 불안하다고 느낀다면 반드시 그럴 만한 이유가 있다. 막연한 불안감에 감정을 낭비하지 말고 냉철하게 내 불안의 이유와 내 직업을 위협하는 요소들을 따져봐야 한다. 코로나 이후 내 직업과 사업이 불안하다고 생각하는 이유는 무엇인가? 내 직업을 위협하는 요소에는 어떤 것들이 있는가? 가감 없이 솔직하게 나의 생각과 판단을 적어보자.

3.2 나의 '인디펜던트 워커' 점수는?

코로나 이후 내 직업과 사업을 지킬 수 있는 유일한 방법은 인디펜던트 워커 indepen-dent worker가 되는 것이다. 앞으로는 고용 없는 시대, 전혀 다른 노동의 개념이 지배하는 세상이 될 것이다. 어떤 환경에서든 내가 원하는 일을 나답게 하면서 자유롭게 살아가는 인디펜던트 워커만이 일하는 즐거움과 성취감을 얻을 수 있다. 그렇다면 나의 인디펜던트 워커 역량은 어느 정도일까? 나는 언제든 대체될 수 있는 '수동형 직장인'일까, 아니면 적극적으로 내 일을 디자인하는 능력을 갖춘 '인디펜던트 워커'일까? 다음의 체크리스트를 통해 나의 인디펜던트 워커 역량을 파악해보자.

'인디펜던트 워커' 체크리스트	Yes	No
1. 나는 디지털 업무 기술을 능숙하게 사용할 수 있다.	☐	☐
2. 나는 성과 중심의 업무 평가를 선호한다.	☐	☐
3. 사무실에서 일하지 않아도 스스로 업무 관리를 잘한다.	☐	☐
4. 리모트 워크 상황에서 업무 집중력이 높아진다.	☐	☐
5. 말보다는 텍스트로 소통하는 것이 더 효율적이라고 생각한다.	☐	☐
6. 출퇴근 시간을 절약하면 삶의 질을 높일 수 있다고 생각한다.	☐	☐
7. 혼자 일해도 고독감, 소외감, 우울감을 컨트롤할 수 있다.	☐	☐
8. 소속된 조직과 관계없이 커리어 관리를 잘할 수 있다.	☐	☐
9. 물리적 거리를 극복하고 인간관계를 잘 꾸려갈 수 있다.	☐	☐
10. 트렌드와 새로운 분야를 꾸준히 공부하고 있다.	☐	☐

채점하기 (항목별 각 2점, 총 20점 만점 기준)

0~4점 : 이대론 직업도 생계도 위험한 수준이에요. 바짝 힘을 내봅시다!

6~10점 : 드디어 인디펜던트 세계에 입문했군요. 하지만 더 분발해야 합니다.

12~16점 : 독립적으로 일하기에 최적화된 당신! 능력치를 더 높여보세요.

18~20점 : 축하합니다! 당신은 이미 완벽한 인디펜던트 워커입니다.

3.3 나의 인디펜던트 역량 파악하기

인디펜던트 워커는 앞으로 고용의 미래가 될 것이다. 지금부터라도 인디펜던트 워커가 되기 위해 공부하고 투자하고 준비하지 않으면 수년 후 내 일과 생계를 장담할 수 없다. 다음 5가지 인디펜던트 워커 역량 항목에 답해보자.

첫째, 나만의 코어 콘텐츠가 있는가?

코어란 내가 택하고 정성을 다해 키워온 나만의 핵심 역량을 말한다. 코어가 제대로 완성되는 시점이 되면 어떤 조건에서든 먹고살 길이 열리게 된다. 내가 생각하는 나만의 코어 콘텐츠는 무엇인가? 만약 생각나지 않는다면 지금 나에게 필요한 코어 콘텐츠를 적어보자.

둘째, 디지털 기술에 유능한가?

인디펜던트 워커는 혼자 일해서 최고의 성과를 내는 사람이다. 디지털 기술에 유능해야 온택트 시대에서 성과를 낼 수 있다. 현재 내가 능숙하게 다룰 줄 아는 디지털 기술은 무엇인가? 만약 없다면 지금 당장 배워야 할 디지털 기술을 3가지 이상 적어보자.

셋째, 셀프 업그레이드 시스템이 있는가?

인디펜던트 워커는 적어도 내 시간과 수입의 30% 정도를 미래를 위한 공부에 투자해야 한다. 그래야 코어 콘텐츠가 더욱 탄탄해지고, 크리에이티브한 아이디어도 끊임없이 탄생할 수 있다. 현재 나는 인디펜던트 워커로 성장하기 위해 어떤 공부를 하고 있는가? 미래를 위한 공부에 얼마의 시간과 돈을 투자하고 있는가? 만약 없다면 앞으로 인디펜던트 워커가 되기 위해 필요하다고 생각하는 공부와 투자 계획을 적어보자.

넷째, 네트워크가 있는가?

인디펜던트 워커는 단순히 혼자 일하는 프리랜서가 아니다. 스스로 내 일을 완성하고 책임지는 독립적인 존재인 동시에, 사람과 사회와 촘촘히 연결되고 그 연결 속에서 끊임없이 성장하는 가장 높은 수준의 노동을 실천하는 사람이다. 나는 현재 네트워크 관리를 위해 무엇을 하고 있는가? 만약 없다면 지금 당장 행동에 옮겨야 할 네트워크 관리 방법을 3가지 이상 적어보자.

다섯째, 돈 관리에 영리한가?

돈으로부터 독립할 수 있어야 진정한 인디펜던트 워커다. 늘 돈 문제에 시달리는 알바로 살 것인지, 아니면 영리한 돈 관리로 내 일의 가치를 지켜나갈 것인지는 전적으로 나의 판단과 실천에 달려 있다. 경제적으로 안정을 유지하기 위해 내가 실천하고 있는 돈 관리 습관은 무엇인가? 만약 없다면 영리한 돈 관리를 위해 필요한 습관을 3가지 이상 적어보자.

4. 네 번째 리부트 공식, 세이프티

4.1 나의 '세이프티 감수성' 점수는?

세이프티는 앞으로 모든 분야에 붙을 필수 형용사다. 안전한 학교, 안전한 여행, 안전한 음식, 안전한 제품 등등 안전하다는 신뢰를 주지 못하면 그 사업은 재기 가능성이 적다. 세이프티는 모든 것을 압도하는 뉴 테크놀로지가 될 것이다. 세이프티 감수성이 높은 제품과 서비스만이 소비자의 선택을 받게 될 것이다. 내 직업과 사업의 세이프티 감수성은 어느 정도인가? 다음의 체크리스트를 통해 나의 세이프티 역량을 가늠해보자.

'세이프티 감수성' 체크리스트	Yes	No
1. 나는 내 직업과 사업에 필요한 세이프티 기술을 잘 알고 있다.	☐	☐
2. 최신 세이프티 기술에 항상 관심을 갖고 배우려 노력한다.	☐	☐
3. 세이프티 시스템을 갖추기 위해 목돈을 지불할 의사가 있다.	☐	☐
4. 고객의 안전을 위해서라면 일정 기간 손해를 감당할 수 있다.	☐	☐
5. 제품의 생산과 유통 과정을 투명하게 공개할 수 있다.	☐	☐
6. 제품과 서비스를 친환경적으로 바꿔야 한다고 생각한다.	☐	☐
7. 환경오염을 최소화하는 것이 기업의 의무라고 생각한다.	☐	☐
8. 직원들의 안전을 위해 추가 비용을 지불할 생각이 있다.	☐	☐
9. 안전한 제품과 서비스를 위해 전문 인력을 고용할 계획이 있다.	☐	☐
10. 기후변화에 관심을 가지고 적극 동참할 의사가 있다.	☐	☐

채점하기 (항목별 각 2점, 총 20점 만점 기준)

0~4점 : 세이프티 감수성이 제로 수준이네요. 더 많은 관심이 필요해요.
6~12점 : 드디어 세이프티에 눈을 떴군요! 하지만 더 분발해야 합니다.
14~16점 : 세이프티 전문가인 당신! 앞으로도 함께 환경을 지켜나가요.
18~20점 : 축하합니다! 당신의 세이프티 감수성은 완벽 그 자체입니다.

4.2 세이프티 필터 통과하기

세이프티는 인류가 생존하기 위한 전제 조건이자 모든 비즈니스의 기본이 될 것이다. 세이프티 필터를 통과하지 못하는 제품과 서비스는 앞으로 살아남기 어려울 것이다. 내 직업과 사업이 세이프티 필터를 통과하기 위해서는 무엇을 버리고 무엇을 채워야 하는가? 제품 생산부터 고객 서비스까지 모든 영역에서 세이프티 시스템을 구축하기 위한 계획을 적어보자.

Chapter 3

나를 살리는 리부트 시나리오 쓰기

지금 이 순간에도 세계 곳곳에서 '코로나 이후 어떻게 살 것인가'에 대한 시나리오가 쏟아지고 있다. 하지만 나라는 개인을 위해 시나리오를 써주는 곳은 단 한 곳도 없다. 나 자신을 구해내기 위해서는 스스로 '나만의 시나리오'를 써야 한다.

1. 내 꿈의 시나리오 재료 모으기

1.1 절대 포기할 수 없는 내 꿈은?

코로나 이후 앞당겨진 미래는 신대륙과 같다. 우리는 이전 세계에 없던 것을 다시 만들고, 한 번도 안 해본 것을 시도하는 중이다. 하지만 꿈이 없으면 엔진 없는 배처럼 결국엔 파도에 떠밀려 갈 뿐이다. 꿈꾸는 사람에게 세상의 변화는 나를 성장시키는 새로운 동력이자 추진체가 되지만, 꿈을 잊은 사람에겐 귀찮은 숙제이거나 나를 방해하는 제약 조건일 뿐이다. 신대륙에 펼쳐진 새로운 기회를 잡으려면 먼저 잠시 잊고 지냈던 내 꿈을 현실로 소환해내야 한다. 코로나 상황에도 절대 포기할 수 없는 나만의 새로운 꿈은 무엇인가? 멈춰 있던 나를 뛰게 만들 소중한 내 꿈을 적어보자.

1.2 내 꿈을 리부트 공식에 대입하기

내 꿈이 현실이 되려면 코로나 이후 세상을 지배하는 4가지 리부트 공식을 반드시 통과해야 한다. 머릿속으로 상상만 해온 내 꿈이 4가지 리부트 공식과 만나면 어떤 모습이 될지 상상해보자.

• 온택트 공식 : 출퇴근 없이 재택근무가 가능하다면?

• 디지털 트랜스포메이션 공식 : 디지털 기술과 합쳐진다면?

- 인디펜던트 워커 공식 : 오직 실력으로 세상과 직거래할 수 있다면?

- 세이프티 공식 : 안전이 최우선 순위가 된다면?

1.3 마이너스 기법 적용하기

지금까지 우리가 추구해온 자기계발의 핵심은 플러스(+)였다. 하지만 과거 컨택트 아날로그 세상에서 유능했던 것 중 상당수가 코로나 이후 쓸모없는 자산이 돼버렸다. 지금 우리에게 필요한 것은 역할을 다한 과거의 내 능력에게 이별을 고하고 빈자리를 만드는 '마이너스(-) 기법'이다. 앞에서 내 꿈을 4가지 리부트 공식에 대입해보며 현재 내가 가진 능력 중에 더 이상 쓸모없어진 것들을 상당수 발견했을 것이다. 과감하게 버리겠다는 각오로 하나하나 모두 적어보자.

2. 나만의 리부트 시나리오 쓰기

2.1 나와 세상 분석하기

가져가야 할 것과 보완해야 할 것

영화 시나리오의 기본은 주인공 캐릭터와 세계관의 설정이다. 나를 위한 리부트 시나리오를 쓰려면 주인공인 나 자신에 대해 정확하게 분석해야 한다. 이 책의 첫 페이지로 돌아가서 내 일상과 일터의 변화에 대해 지금까지 내가 파악하고 평가한 내용들을 다시 한번 꼼꼼하게 읽어보자. 그런 다음 아래 항목에 답해보자.

- 코로나 이후에도 여전히 필요한 나만의 코어 콘텐츠를 10가지 이상 적어보세요.

• 코로나 이후 더 유능해지기 위해 보완해야 할 역량을
10가지 이상 적어보세요.

변하는 것과 변하지 않는 것

코로나 이후 모든 것이 급변하고 있지만 결코 변하지 않는 것도 반드시 있는 법이다. 무엇이 달라지고 또 그대로일지 정확하게 파악하고 있어야 주인공의 행동 반경을 정확하게 설정할 수 있다.

• 코로나 이후 내 분야에서 변하지 않는 것을
10가지 이상 적어보세요.

- 코로나 이후 내 분야에서 변하는 것을
  10가지 이상 적어보세요.

나와 세상을 연결해보기

가져가야 할 것과 버려야 할 것, 변하는 것과 변하지 않는 것을 모두 파악했다면, 이제 할 일은 선 긋기를 해보는 것이다. 나의 코어 콘텐츠와 세상의 변화를 서로 연결해보는 것이다. 최고의 조합은 '가져가야 할 것'과 '변하는 것' 사이의 연결이다. 아래 예시를 참고해 내가 가진 코어 콘텐츠와 세상의 변화 사이에서 연관성 높은 것들끼리 선으로 연결해보자. 만약 선 긋기가 안 된다면 잠시 책을 덮고 주변 사람들에게 나의 핵심 역량을 물어보고, 내 분야와 관련한 자료 조사를 충분히 해서 가져가야 할 것과 변하는 것을 더 연구해보자.

ex. 출판사 에디터

가져갈 것	변하는 것
텍스트에 대한 이해와 판단력	콘텐츠 소비 방식
독자와의 소통 능력	책의 형태 : 오디오북, 챗북 등

새로운 아이디어 상상해보기

내가 가진 역량과 요즘 트렌드를 잘 잇기만 해도 괜찮은 사업 아이템이 나올 수 있다. 선 긋기 과정을 통해 지금은 부족하지만 열심히 배워서 잘하게 되면 누구보다 유능해질 수 있는 새로운 코어 콘텐츠를 발견한 사람도 있을 것이다. 혹은 지금부터 열심히 준비하면 조만간 티핑 포인트가 왔을 때 확실한 경쟁력을 확보할 수 있는 분야를 찾아낸 사람도 있을 것이다. 선 긋기 과정에서 찾아낸 나만의 새로운 아이디어를 5가지 이상 적어보자.

2.2 상상력을 더해 10줄 시놉시스 쓰기

1년 후 내 모습 상상해보기

시나리오 2단계는 내가 찾아낸 새로운 아이디어를 재료로 10줄 시놉시스를 써보는 것이다. 1년 후의 나는 어디에서 무엇을 하고 있을까? 어떤 분야에서 어떤 경쟁력을 갖추고 어떻게 일하고 있을까? 1년 후의 나는 무엇을 이뤘고 어떤 목표를 향해 달리는 중일까? 상상력을 더해 내가 원하는 1년 후 내 모습을 그려보자. 머릿속 상상을 10줄 시놉시스로 적어보자. '과연 현실에서 이뤄질 수 있는 일일까?' 자문하고 있다면 좋은 시놉시스일 확률이 높다. 지금처럼 모든 것이 시시각각 변화하는 시대에는 미래의 내 모습도 약간은 허무맹랑해야 정상이다.

ex. 『김미경의 리부트』 166쪽 참고

리부트 공식으로 시놉시스 검증하기

시놉시스가 아무리 훌륭해도 새로운 세상의 새로운 질서인 4가지 리부트 공식을 통과하지 못하면 무용지물이다. 내가 쓴 시나리오가 새로운 세상에서 유능한 나로 리부팅하게 도와주는 최적의 솔루션이 될 수 있도록 4가지 리부트 공식으로 검증하는 작업을 해보자.

- 온택트 공식으로 검증하면 나의 시놉시스는?

- 디지털 트랜스포메이션 공식으로 검증하면 나의 시놉시스는?

• 인디펜던트 워커 공식으로 검증하면 나의 시놉시스는?

• 세이프티 공식으로 검증하면 나의 시놉시스는?

2.3 To-Do-List 만들기

절박한 마음으로 실행 목록 만들기

시나리오 3단계는 절박한 마음으로 즉시 실행할 수 있는 투두리스트to-do-list를 작성하는 것이다. 2단계에서 완성한 시놉시스를 현실로 옮기기 위한 실행 목록을 만들고, 실행을 통해 검증과 수정을 반복해나가며 나만의 시나리오를 완성해보자.

To-Do-List 작성하기

목표 1. ____________________

과제 1. ____________________

과제 2. ____________________

과제 3. ____________________

과제 4. ____________________

과제 5. ____________________

목표 2. ____________________

과제 1. ____________________

과제 2. ____________________

과제 3. ____________________

과제 4. ____________________

과제 5. ____________________

목표 3.

과제 1.

과제 2.

과제 3.

과제 4.

과제 5.

목표 4.

과제 1.

과제 2.

과제 3.

과제 4.

과제 5.

목표 5.

과제 1.

과제 2.

과제 3.

과제 4.

과제 5.

2.4 내 꿈의 추격자 되기

'그러나 정신'으로 두려움 버리기

리부트 시나리오를 현실로 옮기려면 온 마음을 다해 내 꿈의 추격자가 되어야 한다. 하지만 남보다 늦었다는 불안감이 발목을 잡는다. '늦었다'는 추격 콤플렉스를 이겨내려면 '그러나 정신'이 반드시 필요하다. '늦었지만 그러나 나는 출발한다.' '확신은 없지만 그러나 나는 첫발을 내딛는다.' '포화 상태지만 그러나 나는 진입한다.' 이렇게 '그러나'라는 나만의 주문을 만들어 반복해 떠올리면서 끊임없이 올라오는 두려운 감정과 단절해야 한다. 나도 모르게 뒷걸음치게 만드는 추격 콤플렉스를 이겨내기 위해 나만의 '그러나' 주문을 5가지 이상 적어보자.

ex. 컴퓨터도 잘 다룰 줄 모른다. 그러나 나는 배우기 시작한다.

그러나

그러나

그러나

그러나

그러나

그러나

그러나

그러나

그러나

그러나

그러나

그러나

그러나

빠른 추격을 위한 3가지 방법 배우기

첫째, 추격을 시작하기로 한 그날 바로 '속력'을 내야 한다.

추격의 핵심은 속력이다. 출발하자마자 전속력으로 뛰어야 한다. 절대로 내 '마음'을 믿어서는 안 된다. 다음 날로 미루는 순간 24시간 안에 포기하려는 마음이 끼어든다. 추격은 시작하기로 한 그날 바로 스피드업하고 달려야 한다. 첫날부터 전속력으로 추격하기 위한 나만의 방법을 3가지 이상 적어보자.

둘째, 스스로에게 '확신'을 주어야 한다.

추격자에게 필요한 필수 연료는 확신이다. 확신이 없으면 자꾸 두리번거려서 속력을 낼 수 없다. 확신은 결심을 잘해서 얻는 결과가 아니라, 내 몸이 해내야만 생기는 확증이다. 일단 해내서 스스로에게 확신을 줘야 추격할 수 있다. 스스로에게 확신을 주기 위해 지금 당장 실천할 것을 3가지 이상 적어보자.

셋째, 진짜 추격자는 끝까지 해내는 사람이다.

시작하는 시점에는 먼저 출발한 사람이 돋보이지만, 마지막에는 끝까지 해낸 사람이 진정한 승자가 된다. 약간 늦었다는 결핍이 오히려 추격의 원동력이 되기도 한다. 앞줄이 아니라고 길을 나서지 못할 이유가 없다. 추격보다 더 용기 있는 출발은 없다. 포기하지 않고 끝까지 추격하기 위해 필요한 것을 3가지 이상 적어보자.

Chapter 4

유능한 나를 위해 '뉴 러너' 훈련하기

디지털로 전환하는 지금 시대에는 공부하지 않으면 '무용 계급'으로 전락하기 쉽다. 대학 졸업장으로 평생 먹고살았던 과거와 달리, 변화가 빠른 시대에는 빨리 배우고 바로 적용할 수 있는 '즉시 교육'이 필요하다. 나는 즉시 교육으로 가까운 미래를 미리 공부하고 내 일에 즉시 적용하는 사람을 '뉴 러너new learner'라고 부른다.

1. 뉴 러너가 되기로 결심하기

1.1 즉시 교육 바로 알기

생존과 직결된 공부는 단시간 내에 끝내야 한다. 그것이 무엇인지 100% 이해하지 못해도 적어도 내 일에 어떤 영향을 미칠지, 이를 어떻게 이용해야 할지는 반드시 알아내야 한다. 나는 왜 뉴 러너가 되어야 하고, 즉시 교육은 나에게 어떤 효과가 있을 것인가? 『김미경의 리부트』의 Part 4(187~235쪽)을 다시 읽으면서 나는 왜 뉴 러너가 되어야 하는지 그 이유와 나에게 즉시 교육이 필요한 이유에 대해 생각해보자.

• 나에게 즉시 교육이 필요한 이유는 ______________ 이다.

2. 나만의 즉시 교육 시스템 만들기

2.1 디지털 플랫폼과 서비스 훈련하기

나만의 즉시 교육 시스템을 만들기 위한 1단계는 이미 완제품으로 나와 있는 디지털 플랫폼과 서비스를 사용하면서 특성을 관찰하는 것이다. 내 일상의 모든 것을 '디지털'에서 연습하다 보면 프로 사용자가 되고, 일정 수준을 넘어가면 모든 것을 디지털로 사고하는 뉴 러너의 기본기를 갖추게 될 것이다. 내가 현재 이용하고 있는 디지털 플랫폼과 서비스는 무엇인가? 아래 예시 이외에 일주일에 2회 이상 주기적으로 사용하는 디지털 서비스를 적어보자. 만약 없다면 앞으로 이용해보고 싶은 디지털 서비스를 적어보자.

ex. 케이뱅크, 토스, 카카오뱅크 등 인터넷 전문 은행 거래하기
스마트폰으로 사진과 동영상 촬영하고 앱으로 편집하기
유튜브, 틱톡 등 플랫폼에 영상 올리기
네이버나 구글 트렌드 분석으로 요즘 뜨는 키워드 검색하기

2.2 나만의 커리큘럼 만들기

글로벌 톱클래스 강의를 온라인으로 즉시 수강할 수 있는 디지털 플랫폼이 넘쳐난다. 검색만 하면 각 분야 전문가들의 30년 내공이 담긴 지식이 쏟아진다. 구독 채널만 잘 관리해도 전 세계 지식 파이프와 연결되는 나만의 커리큘럼을 만들 수 있다. 예시를 참고해서 현재 구독하고 있는 즉시 교육 커리큘럼을 적어보자. 만약 없다면 구독 목록에 추가하고 싶은 즉시 교육 분야를 10가지 이상 적어보자.

ex. MKYU대학에서 CIO 과정을 수강하고 있다.
유데미Udemy에서 해외 석학 강의를 매주 3개 이상 보고 있다.
유튜브에서 파이썬 강의를 보며 독학하고 싶다.

2.3 디지털 문법 익히기

페이스북, 애플, 구글 등 전 세계를 움직이는 기업들의 CEO는 대부분 개발자 출신이거나 적어도 개발자만큼 상상하는 사람이다. 4차 산업혁명 이후 세상에서는 생산자 레벨에서 디지털을 이해해야 사업성 있는 비즈니스를 상상하고 설계할 수 있다. 빅데이터, 인공지능, 알고리즘, 파이썬 등 다양한 디지털 기술 중에서 현재 공부하고 있는 것은 무엇인가? 읽고 있는 책, 구독 중인 채널, 수강 중인 과목 등 나만의 커리큘럼을 적어보자. 만약 없다면 앞으로 배우고 싶은 디지털 기술의 종류를 적어보자.

3. 함께 성장하는 나만의 팀 만들기

3.1 내가 원하는 미래가 일상인 사람 만나기

단기간에 드라마틱한 성장을 이루는 가장 확실한 방법은 '사람'에게 배우는 것이다. 내가 가야 할 길을 미리 걸으며 수많은 성공과 실패를 해본 사람은 내가 지금 어디쯤에서 넘어져 있고, 어떻게 일어나야 하는지 즉답을 줄 수 있다. 내가 살고 싶은 미래가 일상이 된 사람을 찾아 만나라. 그 사람을 통해 내가 원하는 미래와 더욱 가까워질 수 있을 것이다.

• 나만의 롤모델 5명의 이름과 그 이유를 적어보세요.

• 나만의 롤모델과 연결되기 위한 To-Do-List를 만들어보세요.

3.2 내 가슴을 뛰게 하는 사람 만나기

뉴 러너는 공부에 대한 의지만으로는 불충분하다. 끊임없이 나를 자극하고 영감을 주고 힌트를 주는 존재가 필요하다. 내 가슴을 뛰게 하는 사람과 연결되면 혼자 노력하는 것보다 몇 배로 빨리 성장할 수 있다.

- 내 가슴을 뛰게 하는 5명의 이름과 그 이유를 적어보세요.

- 내 가슴을 뛰게 하는 사람과 연결되기 위한 To-Do-List를 만들어보세요.

3.3 나와 다른 분야의 사람 만나기

이왕이면 나와 다른 분야의 새로운 사람들과 연결되는 것이 좋다. 모르는 사람을 만나면 그 사람을 통해 생경한 분야로 연결되고 접속된다. 그 결과 아이디어와 상상력의 영역도 전혀 다른 범주로 이동한다. 특히 나이가 많을수록 밀레니얼 세대와 적극적으로 연결되어야 한다. 배우고자 하는 마음만 있다면 그들은 우리에게 훌륭한 디지털 멘토가 되어줄 것이다.

- 요즘 관심이 생기고 있는 '나와 다른 분야' 5가지를 적어보세요.

- 다른 분야와 연결되기 위한 To-Do-List를 만들어보세요.

4. 미래 예측을 위한 공부 습관 익히기

4.1 뉴스로 디지털 세상 읽기

나의 생존과 직결된 정보, 세상의 변화를 파악할 수 있는 정보는 매일 쏟아지는 뉴스에 있다. 뉴스를 읽으며 여기저기 흩어져 있는 단서들을 엮어 하나의 스토리로 만드는 연습을 해나가다 보면 어느 순간 나를 구해줄 생존의 단서를 발견하게 될 것이다. 미래 예측을 위한 정보를 얻기 위해 현재 꾸준히 하고 있는 세상 읽기 방법은 무엇인가? 만약 없다면 앞으로 필요하다고 생각하는 방법을 5가지 이상 적어보자.

4.2 디지털 분야 트렌드 리포트 구독하기

책은 너무 두꺼워서 읽기 부담스럽고, 뉴스는 너무 짧아서 맥락을 이해하기 어렵다면, 트렌드 리포트가 제격이다. 산업별, 분야별로 발간되는 트렌드 리포트는 뉴스에는 안 나오는 고급 정보가 가득 담겨 있다. 특히 4차 산업혁명이 모든 분야를 점령하고 있는 지금 시기에는 디지털 분야 트렌드 리포트 구독이 필수다. 변화의 흐름을 파악하기 위해 구독하고 있는 트렌드 리포트 목록을 적어보자. 없다면 앞으로 구독할 목록을 작성해보자.

• 트렌트 리포트 목록

4.3 매주 한 권씩 꾸준히 책 읽기

공부 습관에서 빼놓을 수 없는 게 바로 책이다. 일단 뭐라도 읽기 시작하는 것이 중요하다. 처음 몇 권으로 어느 정도 그림이 잡힌다면 그다음에 어떤 책을 읽어야 할지 자연스럽게 보이게 될 것이다. 달라진 세상을 이해하기 위해 최근에 읽은 책은 무엇인가? 위시리스트에 들어 있는 읽고 싶은 책은 어떤 것들인가? 최근에 읽었거나 읽고 싶은 도서 목록을 적어보자.

• 도서 목록

내 촉을 믿고
흔들리지 말자

공부란

젊고 시간이 많을 때

하는 것이 아니다.

힘들고 절박할 때 하는 공부는

내 인생의 추진체가 된다.

Chapter 5

공존의 철학자 '뉴 휴먼'으로 거듭나기

지금의 재난은 우리 세대가 환경을 무분별하게 사용하는 것도 모자라 다음 세대를 담보로 미래 환경까지 당겨쓴 결과물이다. 우리 아이들에게 평생 바이러스와 공존해야 하는 비극을 물려주지 않으려면 지금이라도 생태 환경을 아끼고 지키기 위해 노력하는 '뉴 휴먼new human'으로 거듭나야 한다.

1. 기후변화 감수성 높이기

1.1 나의 '기후변화 감수성' 점수는?

코로나19 바이러스의 창궐 원인으로 인간의 무분별한 환경 파괴와 그로 인한 기후변화가 거론된다. 코로나 사태의 근본적인 해결책은 기후변화를 늦추기 위한 우리 인간의 적극적인 실천뿐이다.그렇다면 과연 나의 기후변화 감수성은 어느 정도일까? 나는 지구를 살리는 '에코형 인간'일까? 다음의 체크리스트를 통해 나의 기후변화 감수성을 점검해보자.

'기후변화 감수성' 체크리스트	Yes	No
1. 코로나는 인간이 환경을 무분별하게 사용한 결과라고 생각한다.	☐	☐
2. 앞으로 더 끔찍한 전염병이 창궐한 것이란 주장에 동의한다.	☐	☐
3. 플라스틱이나 음식물 쓰레기가 많이 나오면 죄책감을 느낀다.	☐	☐
4. 조금 더 비싸도 친환경 제품을 구매하는 편이다.	☐	☐
5. 환경을 오염시키는 기업의 제품은 구매하지 않을 것이다.	☐	☐
6. 평소에 장바구니와 텀블러를 가지고 다닌다.	☐	☐
7. 기후변화에 관한 뉴스나 책, 다큐멘터리를 챙겨 보는 편이다.	☐	☐
8. 사람들과 기후변화의 심각성에 대해 종종 대화를 나눈다.	☐	☐
9. 환경보호에 앞장서는 단체에 기부한 경험이 있다.	☐	☐
10. 환경을 지키는 모임이나 활동에 참여하고 싶은 생각이 있다.	☐	☐

채점하기 (항목별 각 2점, 총 20점 만점 기준)

0~4점 : 환경 파괴 주범이었군요. 지금 당장 그 행동을 멈춰주세요.
6~12점 : 기후변화에 조금 더 관심을 가져보세요. 아이들의 미래가 바뀔 거예요.
14~16점 : 환경을 진심으로 아끼는 당신! 앞으로도 지구를 지켜주세요.
18~20점 : 완벽한 생태 전문가군요! 더 많은 곳에 당신의 재능을 나눠주세요.

1.2 자연과의 공존 방법 실천하기

기후변화를 늦추기 위해 우리가 할 수 있는 방법은 일회용 컵 대신 텀블러를 들고 다니는 생태적 일상, 지구 환경을 생각하는 기업의 제품을 구매하는 에코적 소비, 자원을 절약하고 탄소 배출을 최소화하는 불편한 일상 등이다. 아주 작은 실천이라도 좋다. 이미 실천하고 있는 자연과의 공존 방법은 무엇인가? 기후변화를 늦추기 위해 지금 당장 실천하겠다고 마음먹은 행동은 무엇인가? 에코형 인간으로 거듭나기 위한 나만의 계획을 만들어보자.

2. 내 마음의 면역력 키우기

2.1 모두를 살리는 마음 백신 훈련하기

나보다 느리거나 더 약한 사람들도 함께 보듬으며 몸과 마음의 병을 치유해나가는 것이야말로 이 시대 뉴 휴먼에게 필요한 능력이다. 내 마음의 면역력을 높이고 그 힘으로 주변 사람들의 마음까지 보듬는 뉴 휴먼으로 거듭나려면 무엇을 해야 할까? 물리적 생존만큼이나 중요한 관계의 생존과 신뢰의 생존을 위해 지금 당장 실천해야 할 것들을 고민해보자.

이제 다시 일어설 시간입니다.
각자의 상실감에서,
서로의 두려움에서,
우리가 멈춰 선 그곳에서
용기를 내어 출발해야 합니다.
우리는 혼자가 아닙니다.
해낼 수 있어요. 걱정 말아요.

REBOOT

WINNER NOTE

Part 2

매일 실행하는 100일 시나리오 플래너

코로나 이후
무엇이 변하고 있는가?
살아남기 위해
무엇을 시작해야 하는가?
미래의 나는
어떤 사람이 되어야 할까?
매일 써 나가는 내 꿈의 연습장,
그것이 리부트 시나리오다.

Find Clues

내가 알아낸 단서 기록하기

『김미경의 리부트』에서 수없이 강조한 것 중 하나가 '나를 위한 단서 찾기'다. 혼돈 속에 숨어 있는 질서를 찾아내는 유일한 방법은 수많은 정보 가운데 나의 미래를 예측하는 데 도움을 줄 만한 힌트를 매일 찾는 연습을 하는 것이다. '100일 시나리오 플래너'의 왼쪽을 비워둔 이유는 매일 내가 혼돈 속에서 알아낸 질서를 모아놓는 공간으로 활용하기 위해서다. 오늘 읽은 신문기사 중에 나에게 힌트가 되어준 문장을 스크랩할 수도 있고, 책이나 리포트를 읽고 찾아낸 단서를 옮겨 적을 수도 있고, 며칠 동안 고민하다가 오늘 깨달은 것을 기록할 수도 있다. 완성형일 필요도 없고 질서 정연할 이유도 없다. 중요한 것은 하루도 빠지지 않고 나를 위한 단서를 찾는 습관을 갖는 것이다.

Four REBOOT Formulas

새로운 질서에 통과시키기

4가지 리부트 공식은 내 인생을 바꿀 새로운 질서이자, 코로나 이후 새로운 세상으로 나아가기 위해 반드시 통과해야 할 관문이다. 새로운 세상에서 유능한 내가 되기 위해서는 아주 사소한 단서라도 매일 4가지 리부트 공식에 대입해보는 훈련을 해야 한다. 오늘 찾은 단서 중에서 리부트 공식에 해당되는 것이 있다면 해당 항목에 분류해서 적고, 가능하다면 내 일과 연결해 새로운 아이디어를 떠올려보자.

To-Do-List

구체적인 실행 계획 세우기

뉴 러너가 되기 위해서는 '즉시 교육'이 일상화되어야 한다. 무슨 책을 읽고, 어떤 분야를 공부하고, 누구를 만날지에 대해 매일 구체적인 계획을 세워야 즉각적인 실행이 가능하다. 내가 찾아낸 단서를 더욱 깊이 공부하기 위한 계획, 내가 떠올린 아이디어를 구체화하기 위한 계획 등 매일 해야 할 일의 목록을 기록하고 실행해보자.

Write Scenario

짧은 미래 예측 시나리오 쓰기

'100일 시나리오 플래너'는 단순한 다이어리가 아니다. 매일 내가 찾아낸 단서와 아이디어를 통해 나의 미래를 예측하고 구체적인 계획을 수립하는 나만의 전략 노트다. 이 책의 목적인 '나를 살리는 리부트 시나리오'를 완성하기 위해서는 매일 나만의 미래 예측 시나리오를 써보는 연습이 필요하다. '세상은 이렇게 변화하고 있고 나는 이런 준비를 해야 한다.' 이 문장을 기본형으로 매일 구체적인 내용을 채우다 보면 10줄 남짓의 짧은 데일리 시나리오가 탄생하게 될 것이다.

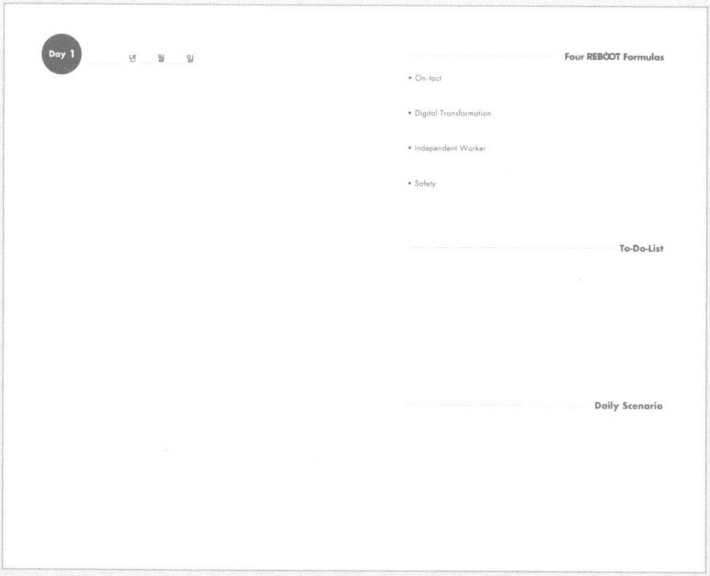

Day 1

_____ 년 ____ 월 ____ 일

Four REBOOT Formulas

- On-tact

- Digital Transformation

- Independent Worker

- Safety

To-Do-List

Daily Scenario

Day 2

_______ 년 ____ 월 ____ 일

Four REBOOT Formulas

- On-tact

- Digital Transformation

- Independent Worker

- Safety

To-Do-List

Daily Scenario

Day 3 ________ 년 ____ 월 ____ 일

Four REBOOT Formulas

- On-tact
- Digital Transformation
- Independent Worker
- Safety

To-Do-List

Daily Scenario

Day 4

______ 년 ____ 월 ____ 일

Four REBOOT Formulas

- On-tact
- Digital Transformation
- Independent Worker
- Safety

To-Do-List

Daily Scenario

Day 5

_____ 년 ___ 월 ___ 일

Four REBOOT Formulas

- On-tact
- Digital Transformation
- Independent Worker
- Safety

To-Do-List

Daily Scenario

Day 6

______ 년 ____ 월 ____ 일

Four REBOOT Formulas

- On-tact
- Digital Transformation
- Independent Worker
- Safety

To-Do-List

Daily Scenario

Day 7

____ 년 ____ 월 ____ 일

Four REBOOT Formulas

- On-tact
- Digital Transformation
- Independent Worker
- Safety

To-Do-List

Daily Scenario

Day 8

________ 년 ____ 월 ____ 일

Four REBOOT Formulas

- On-tact

- Digital Transformation

- Independent Worker

- Safety

To-Do-List

Daily Scenario

Day 9

________ 년 ____ 월 ____ 일

Four REBOOT Formulas

- On-tact

- Digital Transformation

- Independent Worker

- Safety

To-Do-List

Daily Scenario

Day 10

_____ 년 ___ 월 ___ 일

Four REBOOT Formulas

- On-tact
- Digital Transformation
- Independent Worker
- Safety

To-Do-List

Daily Scenario

Day 11

_____ 년 ___ 월 ___ 일

Four REBOOT Formulas

- On-tact

- Digital Transformation

- Independent Worker

- Safety

To-Do-List

Daily Scenario

Day 12

________ 년 ____ 월 ____ 일

Four REBOOT Formulas

- On-tact

- Digital Transformation

- Independent Worker

- Safety

To-Do-List

Daily Scenario

Day 13

_____ 년 ___ 월 ___ 일

Four REBOOT Formulas

- On-tact
- Digital Transformation
- Independent Worker
- Safety

To-Do-List

Daily Scenario

Day 14

________ 년 ____ 월 ____ 일

Four REBOOT Formulas

- On-tact

- Digital Transformation

- Independent Worker

- Safety

To-Do-List

Daily Scenario

Day 15

________ 년 ____ 월 ____ 일

Four REBOOT Formulas

- On-tact
- Digital Transformation
- Independent Worker
- Safety

To-Do-List

Daily Scenario

Day 16

______ 년 ____ 월 ____ 일

Four REBOOT Formulas

- On-tact

- Digital Transformation

- Independent Worker

- Safety

To-Do-List

Daily Scenario

Day 17

_____ 년 _____ 월 _____ 일

Four REBOOT Formulas

- On-tact
- Digital Transformation
- Independent Worker
- Safety

To-Do-List

Daily Scenario

Day 18

________ 년 ____ 월 ____ 일

Four REBOOT Formulas

- On-tact
- Digital Transformation
- Independent Worker
- Safety

To-Do-List

Daily Scenario

Day 19

_____ 년 ____ 월 ____ 일

Four REBOOT Formulas

- On-tact
- Digital Transformation
- Independent Worker
- Safety

To-Do-List

Daily Scenario

Day 20

_______ 년 ____ 월 ____ 일

Four REBOOT Formulas

- On-tact

- Digital Transformation

- Independent Worker

- Safety

To-Do-List

Daily Scenario

Day 21

________ 년 ____ 월 ____ 일

Four REBOOT Formulas

- On-tact
- Digital Transformation
- Independent Worker
- Safety

To-Do-List

Daily Scenario

Day 22

________ 년 ____ 월 ____ 일

Four REBOOT Formulas

- On-tact

- Digital Transformation

- Independent Worker

- Safety

To-Do-List

Daily Scenario

Day 23 ________ 년 ____ 월 ____ 일

Four REBOOT Formulas

- On-tact

- Digital Transformation

- Independent Worker

- Safety

To-Do-List

Daily Scenario

Day 24

_____ 년 _____ 월 _____ 일

Four REBOOT Formulas

- On-tact

- Digital Transformation

- Independent Worker

- Safety

To-Do-List

Daily Scenario

Day 25

______ 년 ____ 월 ____ 일

Four REBOOT Formulas

- On-tact

- Digital Transformation

- Independent Worker

- Safety

To-Do-List

Daily Scenario

Day 26

_______ 년 ____ 월 ____ 일

Four REBOOT Formulas

- On-tact

- Digital Transformation

- Independent Worker

- Safety

To-Do-List

Daily Scenario

Day 27

______ 년 ____ 월 ____ 일

Four REBOOT Formulas

- On-tact

- Digital Transformation

- Independent Worker

- Safety

To-Do-List

Daily Scenario

Day 28

_____ 년 ____ 월 ____ 일

Four REBOOT Formulas

- On-tact
- Digital Transformation
- Independent Worker
- Safety

To-Do-List

Daily Scenario

Day 29

________ 년 ____ 월 ____ 일

Four REBOOT Formulas

- On-tact

- Digital Transformation

- Independent Worker

- Safety

To-Do-List

Daily Scenario

Day 30

______ 년 ____ 월 ____ 일

Four REBOOT Formulas

- On-tact
- Digital Transformation
- Independent Worker
- Safety

To-Do-List

Daily Scenario

Day 31

________ 년 ____ 월 ____ 일

Four REBOOT Formulas

- On-tact
- Digital Transformation
- Independent Worker
- Safety

To-Do-List

Daily Scenario

Day 32

______ 년 ____ 월 ____ 일

Four REBOOT Formulas

- On-tact
- Digital Transformation
- Independent Worker
- Safety

To-Do-List

Daily Scenario

Day 33 ________ 년 ____ 월 ____ 일

Four REBOOT Formulas

- On-tact

- Digital Transformation

- Independent Worker

- Safety

To-Do-List

Daily Scenario

Day 34

________ 년 ____ 월 ____ 일

Four REBOOT Formulas

- On-tact

- Digital Transformation

- Independent Worker

- Safety

To-Do-List

Daily Scenario

Day 35

________ 년 ____ 월 ____ 일

Four REBOOT Formulas

- On-tact
- Digital Transformation
- Independent Worker
- Safety

To-Do-List

Daily Scenario

Day 36

________ 년 ____ 월 ____ 일

Four REBOOT Formulas

- On-tact

- Digital Transformation

- Independent Worker

- Safety

To-Do-List

Daily Scenario

Day 37

______ 년 ____ 월 ____ 일

Four REBOOT Formulas

- On-tact
- Digital Transformation
- Independent Worker
- Safety

To-Do-List

Daily Scenario

Day 38 ________ 년 ____ 월 ____ 일

Four REBOOT Formulas

- On-tact
- Digital Transformation
- Independent Worker
- Safety

To-Do-List

Daily Scenario

Day 39

________ 년 ____ 월 ____ 일

Four REBOOT Formulas

- On-tact

- Digital Transformation

- Independent Worker

- Safety

To-Do-List

Daily Scenario

Day 40

_____ 년 ____ 월 ____ 일

Four REBOOT Formulas

- On-tact
- Digital Transformation
- Independent Worker
- Safety

To-Do-List

Daily Scenario

Day 41

_____ 년 ____ 월 ____ 일

Four REBOOT Formulas

- On-tact
- Digital Transformation
- Independent Worker
- Safety

To-Do-List

Daily Scenario

Day 42

_____년 ____월 ____일

Four REBOOT Formulas

- On-tact
- Digital Transformation
- Independent Worker
- Safety

To-Do-List

Daily Scenario

Day 43 ______ 년 ____ 월 ____ 일

Four REBOOT Formulas

- On-tact
- Digital Transformation
- Independent Worker
- Safety

To-Do-List

Daily Scenario

Day 44 ________ 년 ____ 월 ____ 일

Four REBOOT Formulas

- On-tact

- Digital Transformation

- Independent Worker

- Safety

To-Do-List

Daily Scenario

Day 45

_______ 년 _____ 월 _____ 일

Four REBOOT Formulas

- On-tact
- Digital Transformation
- Independent Worker
- Safety

To-Do-List

Daily Scenario

Day 46

________ 년 _____ 월 _____ 일

Four REBOOT Formulas

- On-tact
- Digital Transformation
- Independent Worker
- Safety

To-Do-List

Daily Scenario

Day 47

______년 ____월 ____일

Four REBOOT Formulas

- On-tact
- Digital Transformation
- Independent Worker
- Safety

To-Do-List

Daily Scenario

Day 48

________ 년 ____ 월 ____ 일

Four REBOOT Formulas

- On-tact

- Digital Transformation

- Independent Worker

- Safety

To-Do-List

Daily Scenario

Day 49

______ 년 ____ 월 ____ 일

Four REBOOT Formulas

- On-tact

- Digital Transformation

- Independent Worker

- Safety

To-Do-List

Daily Scenario

Day 50 ________ 년 ____ 월 ____ 일

Four REBOOT Formulas

- On-tact

- Digital Transformation

- Independent Worker

- Safety

To-Do-List

Daily Scenario

Day 51

_____ 년 ____ 월 ____ 일

Four REBOOT Formulas

- On-tact
- Digital Transformation
- Independent Worker
- Safety

To-Do-List

Daily Scenario

Day 52

_____ 년 ____ 월 ____ 일

Four REBOOT Formulas

- On-tact
- Digital Transformation
- Independent Worker
- Safety

To-Do-List

Daily Scenario

Day 53

_____ 년 ____ 월 ____ 일

Four REBOOT Formulas

- On-tact
- Digital Transformation
- Independent Worker
- Safety

To-Do-List

Daily Scenario

Day 54

________ 년 ____ 월 ____ 일

Four REBOOT Formulas

- On-tact
- Digital Transformation
- Independent Worker
- Safety

To-Do-List

Daily Scenario

Day 55

_____ 년 ____ 월 ____ 일

Four REBOOT Formulas

- On-tact

- Digital Transformation

- Independent Worker

- Safety

To-Do-List

Daily Scenario

Day 56

______ 년 ____ 월 ____ 일

Four REBOOT Formulas

- On-tact

- Digital Transformation

- Independent Worker

- Safety

To-Do-List

Daily Scenario

Day 57

________ 년 ____ 월 ____ 일

Four REBOOT Formulas

- On-tact

- Digital Transformation

- Independent Worker

- Safety

To-Do-List

Daily Scenario

Day 58

_______ 년 ____ 월 ____ 일

Four REBOOT Formulas

- On-tact
- Digital Transformation
- Independent Worker
- Safety

To-Do-List

Daily Scenario

Day 59

______ 년 ____ 월 ____ 일

Four REBOOT Formulas

- On-tact

- Digital Transformation

- Independent Worker

- Safety

To-Do-List

Daily Scenario

Day 60

_____ 년 ____ 월 ____ 일

Four REBOOT Formulas

- On-tact
- Digital Transformation
- Independent Worker
- Safety

To-Do-List

Daily Scenario

Day 61

________ 년 ____ 월 ____ 일

Four REBOOT Formulas

- On-tact
- Digital Transformation
- Independent Worker
- Safety

To-Do-List

Daily Scenario

Day 62

_____ 년 ____ 월 ____ 일

Four REBOOT Formulas

- On-tact
- Digital Transformation
- Independent Worker
- Safety

To-Do-List

Daily Scenario

Day 63

_____ 년 ____ 월 ____ 일

Four REBOOT Formulas

- On-tact
- Digital Transformation
- Independent Worker
- Safety

To-Do-List

Daily Scenario

Day 64

________ 년 ____ 월 ____ 일

Four REBOOT Formulas

- On-tact

- Digital Transformation

- Independent Worker

- Safety

To-Do-List

Daily Scenario

Day 65 ________년 ____월 ____일

Four REBOOT Formulas

- On-tact

- Digital Transformation

- Independent Worker

- Safety

To-Do-List

Daily Scenario

Day 66

_______ 년 ____ 월 ____ 일

Four REBOOT Formulas

- On-tact

- Digital Transformation

- Independent Worker

- Safety

To-Do-List

Daily Scenario

Day 67

_______ 년 ____ 월 ____ 일

Four REBOOT Formulas

- On-tact

- Digital Transformation

- Independent Worker

- Safety

To-Do-List

Daily Scenario

Day 68

_____ 년 ___ 월 ___ 일

Four REBOOT Formulas

- On-tact
- Digital Transformation
- Independent Worker
- Safety

To-Do-List

Daily Scenario

Day 69

_______년 ____월 ____일

Four REBOOT Formulas

- On-tact
- Digital Transformation
- Independent Worker
- Safety

To-Do-List

Daily Scenario

Day 70

________ 년 ____ 월 ____ 일

Four REBOOT Formulas

- On-tact

- Digital Transformation

- Independent Worker

- Safety

To-Do-List

Daily Scenario

Day 71

_______ 년 _____ 월 _____ 일

Four REBOOT Formulas

- On-tact

- Digital Transformation

- Independent Worker

- Safety

To-Do-List

Daily Scenario

Day 72

________ 년 ____ 월 ____ 일

Four REBOOT Formulas

- On-tact

- Digital Transformation

- Independent Worker

- Safety

To-Do-List

Daily Scenario

Day 73 ________ 년 ____ 월 ____ 일

Four REBOOT Formulas

- On-tact

- Digital Transformation

- Independent Worker

- Safety

To-Do-List

Daily Scenario

Day 74

_____ 년 ____ 월 ____ 일

Four REBOOT Formulas

- On-tact
- Digital Transformation
- Independent Worker
- Safety

To-Do-List

Daily Scenario

Day 75

_____ 년 ___ 월 ___ 일

Four REBOOT Formulas

- On-tact

- Digital Transformation

- Independent Worker

- Safety

To-Do-List

Daily Scenario

Day 76

________ 년 ____ 월 ____ 일

Four REBOOT Formulas

- On-tact
- Digital Transformation
- Independent Worker
- Safety

To-Do-List

Daily Scenario

Day 77

_____ 년 ____ 월 ____ 일

Four REBOOT Formulas

- On-tact

- Digital Transformation

- Independent Worker

- Safety

To-Do-List

Daily Scenario

Day 78

______ 년 ____ 월 ____ 일

Four REBOOT Formulas

- On-tact
- Digital Transformation
- Independent Worker
- Safety

To-Do-List

Daily Scenario

Day 79

_______ 년 ____ 월 ____ 일

Four REBOOT Formulas

- On-tact
- Digital Transformation
- Independent Worker
- Safety

To-Do-List

Daily Scenario

Day 80 ______년 ____월 ____일

Four REBOOT Formulas

- On-tact

- Digital Transformation

- Independent Worker

- Safety

To-Do-List

Daily Scenario

Day 81

______ 년 ____ 월 ____ 일

Four REBOOT Formulas

- On-tact
- Digital Transformation
- Independent Worker
- Safety

To-Do-List

Daily Scenario

Day 82

________ 년 ____ 월 ____ 일

Four REBOOT Formulas

- On-tact

- Digital Transformation

- Independent Worker

- Safety

To-Do-List

Daily Scenario

Day 83

______ 년 ____ 월 ____ 일

Four REBOOT Formulas

- On-tact
- Digital Transformation
- Independent Worker
- Safety

To-Do-List

Daily Scenario

Day 84

_____ 년 _____ 월 _____ 일

Four REBOOT Formulas

- On-tact
- Digital Transformation
- Independent Worker
- Safety

To-Do-List

Daily Scenario

Day 85

_______ 년 ____ 월 ____ 일

Four REBOOT Formulas

- On-tact
- Digital Transformation
- Independent Worker
- Safety

To-Do-List

Daily Scenario

Day 86

_______ 년 ____ 월 ____ 일

Four REBOOT Formulas

- On-tact

- Digital Transformation

- Independent Worker

- Safety

To-Do-List

Daily Scenario

Day 87

_____ 년 _____ 월 _____ 일

Four REBOOT Formulas

- On-tact

- Digital Transformation

- Independent Worker

- Safety

To-Do-List

Daily Scenario

Day 88

_______ 년 ____ 월 ____ 일

Four REBOOT Formulas

- On-tact
- Digital Transformation
- Independent Worker
- Safety

To-Do-List

Daily Scenario

Day 89

_____ 년 ____ 월 ____ 일

Four REBOOT Formulas

- On-tact

- Digital Transformation

- Independent Worker

- Safety

To-Do-List

Daily Scenario

Day 90

______ 년 ____ 월 ____ 일

Four REBOOT Formulas

- On-tact

- Digital Transformation

- Independent Worker

- Safety

To-Do-List

Daily Scenario

Day 91

________ 년 _____ 월 _____ 일

Four REBOOT Formulas

- On-tact

- Digital Transformation

- Independent Worker

- Safety

To-Do-List

Daily Scenario

Day 92

________ 년 ____ 월 ____ 일

Four REBOOT Formulas

- On-tact
- Digital Transformation
- Independent Worker
- Safety

To-Do-List

Daily Scenario

Day 93

______ 년 ____ 월 ____ 일

Four REBOOT Formulas

- On-tact
- Digital Transformation
- Independent Worker
- Safety

To-Do-List

Daily Scenario

Day 94

________ 년 ____ 월 ____ 일

Four REBOOT Formulas

- On-tact
- Digital Transformation
- Independent Worker
- Safety

To-Do-List

Daily Scenario

Day 95

________ 년 ____ 월 ____ 일

Four REBOOT Formulas

- On-tact

- Digital Transformation

- Independent Worker

- Safety

To-Do-List

Daily Scenario

Day 96

______ 년 ____ 월 ____ 일

Four REBOOT Formulas

- On-tact

- Digital Transformation

- Independent Worker

- Safety

To-Do-List

Daily Scenario

Day 97

________ 년 ____ 월 ____ 일

Four REBOOT Formulas

- On-tact

- Digital Transformation

- Independent Worker

- Safety

To-Do-List

Daily Scenario

Day 98 ______ 년 ____ 월 ____ 일

Four REBOOT Formulas

- On-tact
- Digital Transformation
- Independent Worker
- Safety

To-Do-List

Daily Scenario

Day 99

_______ 년 ____ 월 ____ 일

Four REBOOT Formulas

- On-tact
- Digital Transformation
- Independent Worker
- Safety

To-Do-List

Daily Scenario

Day 100

________ 년 ____ 월 ____ 일

Four REBOOT Formulas

- On-tact

- Digital Transformation

- Independent Worker

- Safety

To-Do-List

Daily Scenario

REBOOT Scenario

Name

Address

Mobile

E—mail

Notes